# DOGS
# HONDEN

## A dual language book
## Een tweetalig boek

### Selby Gunter

ISBN 9789083201108

First Edition, 2021

Written by Selby Gunter. Translated to Dutch by Desiree Janssen.

Cover and interior design by Natalia Junqueira. Photo credits. Cover image by Capuski Images. Interior images- iStock.com/Dageldog, photosbyjim, 101cats, SolStock, chris-mueller, Ирина Мещерякова, cynoclub, Kanashi, FatCamera. Unsplash.com/Nathalie SPEHNER, Ayla Verschueren, Terricks Noah, R.D. Smith, Alicia Jones, Stephen Andrews, Reiseuhu, Marek Szturc, Fuu J, Darinka Kievskaya, Autri Taheri, Elisa Kennemer, Torsten Dederichs, Karolina Wv, Valerie Elash, Mark Timberlake, Agatha, Kajetan Sumila, Jordan Bigelow, photosbyjim, SolStock, Eric Ward

Mona Cottage Publishing

Haarlem, Netherlands

www.monacottage.com

Contact publisher for wholesale orders.

Printed on demand. Country of print may vary.

# Mona Cottage

A dog begins life as a little puppy.

Het leven van een hond begint als een kleine puppy.

**Puppies are playful and curious.**

**Puppy's zijn speels en nieuwsgierig.**

Dogs are popular pets.
Do you have a dog?


Honden zijn erg populaire
huisdieren. Heb jij een hond?

**A dog can be loving and loyal.**

**Een hond kan erg liefdevol en loyaal zijn.**

**They can also be very silly or destructive.**

**Ze kunnen ook erg gek en dingen kapot maken.**

VENEZUELA
COLOMBIA
GUYANA
SURINAME
BRAZIL
BOLIVIA
PARAGUAY
ARGENTINA
TRINIDAD AND TOBAGO

Dogs live all over the world.

**Honden leven over de hele wereld.**

A dog could live near a temple in Jordan.

Er kan een hond net naast een tempel in Jordanië wonen.

Or in a large city like Paris, France.

Of in een grote stad zoals Parijs in Frankrijk.

Dogs can also live in places that are very cold with lots snow.

Honden kunnen ook leven op hele koude plekken, met heel veel sneeuw.

Or hot and dry with sand.

Of juist heel warme en droog met veel zand.

Dogs are omnivores, which means they eat both meat and plants.

Honden zijn alleseters, dat betekent dat ze zowel vlees als planten eten.

Dogs love to play. And they often get dirty when playing.

Honden houder ervan om te spelen. En ze worden vaak vies tijdens het spelen.

**When dogs get dirty they can have a bath.**

Als honden vies zijn geworden kunnen ze in bad.

# Most dogs love water.

De meeste honden houden van water.

**They like to swim and jump in the waves.**

**Ze houden van zwemmen en in de golven springen.**

**Dogs come in many colors.**

**Je hebt honden in veel verschillende kleuren.**

They can also be different sizes.

En ook in verschillende groottes.

Some dogs are huge.

Sommige honden zijn enorm.

Other dogs are tiny.

Andere honden zijn erg klein.

A dog's nose is very sensitive.
They can smell much better than
humans.

De neus van een hond is erg
gevoelig. Ze ruiken veel beter dan
mensen.

**Some dogs have long hair called fur.**

**Sommige honden hebben heel lang haar, ook wel langharig genoemd.**

Other dogs have short fur.

Andere honden hebben een korte
vacht, kortharig genoemd.

SERVICE DOG

Some dogs have
important jobs.

Sommige honden
hebben een hele
belangrijke baan.

Search dogs find people who are missing.


Speurhonden vinden mensen die vermist zijn.

**While sheep dogs help farmers
herd sheep.**

**Terwijl herdershonden de boeren
helpen met hun kidde schapen.**

But most dogs just have one very important job. To be our companions.

Maar de meeste honden hebben maar één belangrijke taak. Onze trouwe vriend te zijn.

# Check out more bilingual titles and language combinations at: www.monacottage.com

# Share your language learning journey with us on:
Instagram : @monacottagepublishing
Facebook : Mona Cottage Publishing